LUCIEN DESCAVES

Atelier d'Aveugles

DRAME EN UN ACTE

PARIS
LIBRAIRIE THÉATRALE
30, RUE DE GRAMMONT, 30

1912

ATELIER D'AVEUGLES

DRAME EN UN ACTE

Représenté pour la première fois, sur la scène du Grand Guignol,
le 9 mai 1911.

E. GREVIN — IMPRIMERIE DE LAGNY

LUCIEN DESCAVES

ATELIER D'AVEUGLES

DRAME EN UN ACTE

PARIS
LIBRAIRIE THÉATRALE
30, RUE DE GRAMMONT, 30
1912

Au docteur VICTOR MORAX,

Son ami,

L. D.

DISTRIBUTION

		MM. :
MARTIN, 40 ans		GORIEUX
CHARLOT, 22 ans		BRIZARD
BLANCHON, 65 ans		DESMOULINS
RONCIN, 55 ans		GUÉRARD
BEC-DE-GAZ, 28 ans		DEFRESNE
PETIT-LOUIS,	18 à 25 ans.	LOUVIGNY
RODIER,		GRÉHAN
SIMONNOT, dit CHIENDENT,		NICOLE
CONSTANT,		TERNOIS

Tous sont aveugles, sauf le contremaître Martin, et Bec-de-Gaz. — Simonnot, le plus jeune, est en outre défiguré par des brûlures.

ATELIER D'AVEUGLES

Un atelier au 2e étage d'une maison aux environs du parc de Montsouris, en face des fortifications.

Autour d'un établi travaillent Charlot, Petit-Louis, Constant, Rodier, Blanchon et Roncin. — Simonnot a son établi indépendant à gauche et le contremaître sa table-bureau à droite.

Porte et fenêtre.

Poêle de fonte. Œil-de-bœuf.

Bec de gaz au-dessus du bureau de Martin; à côté, un cornet acoustique. L'atelier est un ancien logement pauvre et délabré.

SCÈNE PREMIÈRE

MARTIN, *à sa table, écrivant;* CHARLOT, PETIT-LOUIS, CONSTANT, RODIER, BLANCHON, RONCIN, SIMONNOT. *Ils travaillent.*

CHARLOT

Hé! ha! Petit-Louis?

PETIT-LOUIS

Présent!

CHARLOT

Rodier?

RODIER

Présent!

CHARLOT

Constant?

CONSTANT

Présent!

CHARLOT

L'heure s'avance?

PETIT-LOUIS

Elle s'avance.

CHARLOT

On s'apprête à la lutte finale?

PETIT-LOUIS

On est prêt.

CHARLOT

Ça n'empêche pas de causer en attendant. Devinez: quel est le métier qu'on ne peut pas exercer sans avoir des poils dans la main?

PETIT-LOUIS

Notre métier, pardié! Le foutu métier de brossier.

CHARLOT

Le métier qu'on apprend aux aveugles comme nous, censément pour les mettre à même de gagner leur vie. Ah! la, la! Soupé!

RODIER

A tous les poils que t'as dans la main, malgré toi, t'en ajoutes un qui ne doit rien à personne.

CHARLOT

Juste!

MARTIN, *qui, cependant, s'est levé.*

Il dépend de vous que ce fichu métier, comme vous dites, soit aussi avantageux pour vous que pour les voyants. (*Otant des mains de Charlot la brosse qu'il confectionne.*) Comment voulez-vous soutenir la concurrence avec un travail comme celui-là? Vous vous figurez qu'il suffit pour faire un brossier de savoir boucher les trous d'un bois de brosse? C'est du propre! Votre brosse n'est pas assez garnie... Vos ficelles sont tordues... Votre coupe ne vaut rien... Si je ne vérifiais pas l'ouvrage, nos clients auraient bientôt fait de nous lâcher!

PETIT-LOUIS

C'est une chance pour le patron que vous soyez là monsieur Martin, et que vous n'ayez pas, comme nous, vos yeux au bout des doigts!

MARTIN

Oui, c'est une chance, mais surtout pour vous. Ça m'agace d'entendre dire que la production de l'aveugle ne vaut pas celle de l'ouvrier qui voit. Je voudrais prouver qu'elle est équivalente. Enfin, l'amour-propre qui vous manque, moi, voyant, je l'ai pour vous. Voilà pourquoi je suis un contremaître exigeant. Vous devriez m'en savoir gré, au lieu de contribuer, par votre négligence, à entretenir les préjugés dont vous êtes victimes.

CHARLOT

Si on n'était victime que de ça?...

MARTIN

Alors, vous croyez que je prends plaisir à vous faire recommencer une brosse! Mais c'est cher, la soie!... Il ne faut pas en gaspiller beaucoup pour que le prix de revient soit supérieur au prix de vente.

CHARLOT

On ne fait pas de philanthropie quand on n'a pas les moyens d'en faire!

PETIT-LOUIS

Si c'est qu'on veut spéculer sur le travail des aveugles, faut le dire!

MARTIN

Tenez, vous décourageriez tout autre que M. Bonnamy.

CONSTANT

Notre digne bienfaiteur!

MARTIN

Il avait trop bonne opinion de vous. Il n'avait qu'à suivre l'exemple d'un de ses devanciers.

CHARLOT

Qu'est-ce qu'il faisait, ce phénomène?

MARTIN

Il avait ouvert un atelier comme celui-ci, mais simplement pour occuper les aveugles. Il les jugeait incapables d'un travail soigné, et tous les articles qui sortaient de leurs mains y retournaient, après avoir été défaits.

PETIT-LOUIS

Ça prouve toujours que celui-là était désintéressé !

CHARLOT

Allons donc! Je parie qu'il a été décoré ! Voulez-vous que je vous dise? Ces types-là se partagent en deux catégories : les bienfaiteurs pour l'amour de Dieu et les bienfaiteurs pour l'amour de l'humanité.

PETIT-LOUIS

C'est kif-kif!

CHARLOT

Juste! Les uns veulent du paradis et les autres des honneurs ou du travail pour leur argent.

RODIER

Ils se mêlent tous de ce qui ne les regarde pas.

BLANCHON

Si les voyants ne s'occupaient que de ceux qui les regardent, c'est vrai qu'ils ne s'occuperaient pas de nous. Ça serait dommage! Les aveugles ne peuvent pas se passer de ceux qui voient.

CHARLOT

On connaît le refrain. Le père Blanchon a besoin d'une bonne, comme les enfants des riches, pour trouver son nez, quand il a envie de se moucher !

RONCIN

Blanchon a raison. Nous n'oublions pas, nous, ce qu'on doit à M. Bonnamy. Qu'est-ce que ferait, à plus de cinquante ans, un ancien garçon de recettes comme moi, devenu aveugle? C'est grâce à M. Bonnamy que je suis assuré maintenant de gagner ma vie et celle de ma pauvre femme.

BLANCHON

Moi aussi. Un peintre en bâtiment qui perd la vue dans la force de l'âge, à quoi c'est-il bon? Pas même à faire des ménages, comme ma femme. Tandis que, mon apprentissage terminé, je ne serai à charge à personne.

MARTIN

Et Simonnot, dont la famille a indignement exploité l'enfance et la jeunesse, demandez-lui donc son avis?

SIMONNOT

Je suis mieux ici que dehors... à tendre la main, ou qu'à la maison, à recevoir des *atouts*, quand le père et la mère se battaient sur moi. La chambre était si petite que j'avais beau être étranger à leurs querelles, j'écopais toujours. Oh! c'est pas rapport aux *bâfres* que je me plains : on s'y habitue. Mais le soir, en se cognant, ils risquaient de foutre le feu à la *piaule*... comme la fois qu'on m'a sauvé tout petit, dans l'état où me voilà!

MARTIN

Ici, tu es tranquille, et M. Bonnamy t'a placé en pension chez de braves gens. Il vous aidera tous à vous établir en vous fournissant gratuitement l'outillage et à meilleur marché les matières premières. Et vous, qui ne dites rien, Constant... Rodier... Mécontents aussi?

CONSTANT

Avec notre bourse de six cents francs chacun, on aurait toujours trouvé une école professionnelle.

RODIER

A Paris ou en province.

MARTIN

Une école où l'apprentissage serait rétribué comme ici? Allons, à vous aussi, on a monté la tête... Dieu veuille que vous n'ayez pas à vous en repentir!

SIMONNOT, *présentant une brosse au contremaître.*

Monsieur Martin... c'est bien comme ça?

CHARLOT, *bas, à Petit-Louis.*

Il ne se doute pas de ce qui l'attend...

PETIT-LOUIS

Y en a qui ont des *châsses* et qui sont plus aveugles que nous.

MARTIN, *à Simonnot.*

C'est bien, mon petit... Tu fais mieux la brosse commune qu'ils ne font la brosse fine.

SIMONNOT, *bas, à Martin.*

Méfiez-vous de Charlot et de Petit-Louis... Ils manigancent quelque chose contre vous... Je ne sais pas quoi... quelque chose...

MARTIN, *bas.*

Merci. (*Il retourne à son bureau, où il écrit.*)

SIMONNOT, *chantant.*

Je le proclame,
Les mains de femme
Sont des bijoux
Dont je suis fou!...

CHARLOT

Petit cochon!

PETIT-LOUIS

Ce Chiendent!... Voyez-vous ça!

CHARLOT

C'est la fabrication du chien, autrement dit de la brosse à laver, qui te rend sentimental? Des mains de femme! Et avec ça?

RONCIN

Laissez-le donc tranquille, ce petit. C'est gentil, ce qu'il chante là! C'est la chanson dans la cour... la chanson qui monte jusqu'à ceux qui n'ont pas le temps de descendre.

BLANCHON

J'en chantais de pareilles autrefois, sur les échafaudages, devant les fenêtres ouvertes. La chanson montait avec moi et je la lançais, quand j'étais jeune, dans les chambres du cinquième, comme un bouquet de violettes!

CONSTANT

Les mains!

RODIER

Les femmes!

CONSTANT

Il y a des mains que j'ai serrées une fois et que je reconnaîtrais entre toutes les mains.

RODIER

Moi, c'est une voix que je reconnaîtrais entre toutes les voix.

RONCIN

Chante, Simonnot... On va chanter avec toi... (*Ils reprennent tous, très doucement, très lentement, le refrain.*)

CHARLOT

Un bouchon! Combien que vous êtes payés pour nous endormir?

PETIT-LOUIS

Allez donc chanter ça dehors : ça vous rapportera plus que la fabrication des brosses!

BLANCHON, *à mi-voix.*

Les brutes!... Ils sont aveugles... et ils font taire l'alouette!

MARTIN, *parlant dans le cornet acoustique.*

C'est vous, Joseph? Préparez-vous à aller faire deux livraisons pressées... Non... attendez-moi à la manutention... Je vais descendre les factures... J'ai affaire en bas. (*Il se lève et sort.*)

SCÈNE II

LES MÊMES, *moins* MARTIN

CHARLOT, *se levant.*

Bon voyage! On va pouvoir griller une *sèche.*

SIMONNOT

C'est défendu...

CHARLOT

Raison de plus!

SIMONNOT

M. Martin sentira l'odeur du tabac, en rentrant...

CHARLOT

J'y dirai que c'est mon odeur naturelle.

PETIT-LOUIS

Moi, je vais me chauffer les *pinces* au poêle.

CONSTANT

Moi aussi.

RODIER

Moi, c'est aux pieds que j'ai froid. (*Ils vont tous les trois autour du poêle; il ne reste à l'établi que Blanchon et Roncin.*)

CHARLOT

Hé! ha! La poire est mûre?

PETIT-LOUIS

Elle mûrit.

CHARLOT

C'est drôle, hein? père Blanchon, Barbanchon, que la poire mûrisse en décembre, près du parc de Montsouris, en face des fortifs?

BLANCHON

Je ne sais pas ce que vous voulez dire. Encore un mauvais coup que vous préméditez. Qui se ressemble s'assemble.

PETIT-LOUIS

Dame! Charlot et moi, on n'a pas vécu, comme vous, dans l'intimité des duchesses. On vient de la rue...

CHARLOT

Et on n'en rougit pas.

PETIT-LOUIS

Et on la regrette. Les flics avaient moins de fiel qu'un contremaître comme Martin.

CHARLOT

Nous la fait-il assez sentir, notre infériorité!

PETIT-LOUIS

Un aveugle vaut un voyant. Un homme en vaut un autre.

CHARLOT

On n'a pas attendu notre digne bienfaiteur pour se grouiller.

RONCIN

Ça n'empêche pas de trouver généreuse son idée de procurer des moyens d'existence aux aveugles. Le jour où vous le rebuterez, il fermera l'atelier. Vous serez bien avancés !

PETIT-LOUIS

Savoir s'il a le droit de fermer la boîte.

BLANCHON

Prenez garde de l'apprendre à vos dépens, et aux nôtres !

CHARLOT

Si pourtant on vous prouvait que la maison et le matériel nous appartiennent ?

RONCIN

Laissez-nous donc tranquilles ! C'est des choses qu'on raconte à côté, chez le mastroquet !

PETIT-LOUIS

C'est la vérité. Une dame charitable a fait cadeau de tout ça aux aveugles.

BLANCHON

Des bêtises ! Une dame charitable en a fait cadeau à M. Bonnamy, ce qui n'est pas la même chose. Il peut en disposer à sa fantaisie, sans nous consulter.

CHARLOT

Il y a un moyen d'être fixé.

RONCIN

Lequel ?

CHARLOT

Si vous promettez de marcher avec nous, on vous le dira.

BLANCHON

Merci bien !

CHARLOT

Alors, on se passera de vous.

PETIT-LOUIS

Et avant qu'il soit l'heure de coucher les poules.

CHARLOT

Mouillées !

SCÈNE III

LES MÊMES, BEC-DE-GAZ. — *Bec-de-Gaz, physionomie de rôdeur, a poussé doucement la porte et s'est annoncé en sifflant à la sourdine, d'une façon particulière. — Aussitôt; Charlot et Petit-Louis cessent de travailler et lèvent la tête.*

CHARLOT

Hein ?... c'est-il toi ?... Bec-de-Gaz ?..?

BEC-DE-GAZ, *refermant la porte derrière lui.*

Eh bien ! oui, c'est moi.

PETIT-LOUIS

En voilà une surprise ! On te croyait dégringolé.

CHARLOT

Ou à l'ombre.

BEC-DE-GAZ

Pus souvent !... (*Il descend leur serrer la main.*) Quand le Bicot du Malesherbes il sera à l'ombre, c'est le cas de dire qu'il fera plus chaud qu'aujourd'hui.

CONSTANT, *bas à Petit-Louis.*

C'est le Bicot ?

PETIT-LOUIS, *haut.*

Oui. Un poteau, un costaud, un frangin, un pur. (*A Bec-de-Gaz.*) Tu vois qu'on t'a pas oublié. Les camarades Constant et Rodier te connaissent, sans te connaître ; nous leur avons assez souvent parlé toi... T'es de marque.

CHARLOT

Tu travailles toujours dans la même partie ?

BEC-DE-GAZ

Toujours.

RODIER, *bas, à Charlot.*

Qu'est-ce qu'il fait?

CHARLOT

Il est ouvrier sans ouvrage.

PETIT-LOUIS

C'est le boniment qu'il raconte, le soir, en battant d'une aile... (*Il contrefait le manchot.*) de Saint-Augustin au Monceau.

BEC-DE-GAZ

C'est pourquoi qu'on m'appelle le Bicot du Malesherbes.

RODIER

Ah!... bien!

CHARLOT

Mais pour nous, c'est Bec-de-Gaz... parce qu'il a des yeux qui voient, des yeux qui nous éclairent la route... Jamais on n'a eu de meilleur guide que lui.

PETIT-LOUIS

Il connaît les bons endroits.

CHARLOT

Et il les indique. C'est pas un égoïste.

BEC-DE-GAZ

Celui que j'installe quelque part, il n'a rien à craindre des flics ni de personne.

PETIT-LOUIS

C'est vrai. T'es respecté.

BEC-DE-GAZ

J'ai pas les mains dans mes poches. On peut avoir confiance en moi. Vous savez, Dodore, Marque-Mal et Le Frisé... les trois que votre bonhomme a débauchés pour les amener ici et qui l'ont plaqué...

CHARLOT

Oui. Eh bien ? Ils ont repeuplé le Pont des Arts ?

BEC-DE-GAZ

Tu voudrais pas. Dodore, qu'a de l'organe, *secoue la baronne*, gazouille dans les cours, quoi! Le Frisé, lui, avec son violon, fait les crèmeries, les bistrots qui donnent la croustille... Il est tzigane-purée. Et tous les deux gagnent en deux heures le double de ce que vous gagnez dans votre journée, en vous esquintant.

PETIT-LOUIS

C'est des artistes... Mais Marque-Mal ?

BEC-DE-GAZ

Lui ? En vendant des journaux, et même en ne vendant rien du tout, il ramasse ses quatre francs.

CHARLOT

Non !

BEC-DE-GAZ

Si vous voulez qu'il vous le dise lui-même, je l'amènerai au Palace de Montsouris, chez Arsène, pisque c'est toujours votre logeur.

PETIT-LOUIS

Tu l'as vu ?

BEC-DE-GAZ

Je sors de chez lui.

PETIT-LOUIS

Alors, il t'a dit ?...

BEC-DE-GAZ

Les mistoufles qu'on vous fait ? Oui. C'est donc vrai ? Le contre-coup ne veut plus que vous descendiez à quatre heures casser la croûte, chez Arsène, en sifflant un litre ?

CHARLOT

Sous prétexte qu'on traînait la cérémonie en longueur.

BEC-DE-GAZ

Et c'est ça qu'on appelle l'assistance par le travail! Ah! la la! Soyez bien soumis, turbinez du matin au soir sans lever la tête, et vous aurez un morceau de pain. Moi, j'aimerais mieux être bête savante : les bêtes savantes reçoivent du sucre sur le nez, quand leur maître est content d'elles.

CHARLOT

Tu blagues... c'est-il que l'*tôlier* t'envoie parce qu'il a peur que nous ne marchions pas?

BEC-DE-GAZ

Non. Il m'a dit seulement que vous aviez l'intention... (*Il s'arrête en voyant Charlot mettre un doigt sur ses lèvres.*)

CHARLOT, *entraînant Bec-de-Gaz un peu à l'écart et baissant la voix*

C'est pour tantôt; mais le coup manquerait si les deux vieux étaient avertis. Ils ne marchent pas avec nous. Ils préviendraient le Martin, tu comprends. Va nous attendre chez Arsène... et tu verras si nous flanchons!

BEC-DE-GAZ, *bas.*

Entendu. (*Haut.*) Tout de même, on peut dire que vous fabriquez de quoi vous brosser... le ventre! Arsène m'en parlait encore tout à l'heure. C'est un bon *tôlier*. Il vous aime bien.

CONSTANT

Il est gentil pour nous. On prétend qu'il pousse à la consommation. C'est pas vrai. Pour ce que ça lui rapporte !

RODIER

Vous ne savez pas ce qu'il a imaginé pour réduire notre dépense ?

BEC-DE-GAZ

Non.

RODIER

Tous les fonds de verres et de bouteilles, il les verse dans un broc... et il nous vend le mélange un sou le verre... Un sou seulement.

BEC-DE-GAZ

C'est donné !

CONSTANT

Il appelle ça : un *omnibus.*

PETIT-LOUIS

Parce que c'est complet !

BEC-DE-GAZ

Un *omnibus !* Sacré Arsène ! Il n'y a que lui pour des inventions pareilles !

CONSTANT

Oui, c'est une bonne idée !

BEC-DE-GAZ

Et ça se laisse boire, son *omnibus?*

RODIER

Ça dépend des jours ; c'est pas mauvais.

CONSTANT

C'est comme qui dirait des arlequins liquides...

RODIER

Ça ne vaut pas une mominette, bien sûr !... mais c'est aussi moins cher.

BEC-DE-GAZ

V'là de la philanthropie ! Ça rapproche tout le monde du comptoir.

SCÈNE IV

LES MÊMES, MARTIN

MARTIN, *apercevant Bec-de-Gaz.*

Je croyais vous avoir défendu de remettre les pieds ici, vous ?

BEC-DE-GAZ, *crânant*

C'est bien possible.

MARTIN

Faites-moi le plaisir de déguerpir... et vivement !

BEC-DE-GAZ

Minute !... Je sers de guide au Petit-Louis et à Charlot.

CHARLOT

C'est vrai.

MARTIN

Servez-leur de guide dehors tant que vous voudrez, je me contenterai de les plaindre. Mais, sous aucun prétexte, vous entendez? je ne vous permets de venir déranger nos ouvriers.

BEC-DE-GAZ

De quel droit?

MARTIN

Du droit dont je suis investi par le directeur de l'atelier.

BEC-DE-GAZ

C'est vous le gardien-chef, alors, et l'atelier est une prison? Si j'avais su, je les aurais fait appeler au parloir.

PETIT-LOUIS

Il a raison. On n'est pas des détenus.

MARTIN

Oh! ce que vous avez à leur dire, je le sais! Vous nous avez déjà débauché trois ouvriers, c'est suffisant. Vous ne serez pas nuisible aux autres, soit en les détournant de l'atelier, soit en y introduisant à boire comme vous avez déjà fait... et pas plus tard qu'aujourd'hui sans doute.

BEC-DE-GAZ

Et puis, après? Est-ce que vous défendez aussi d'avoir soif?

CHARLOT

On n'aurait pas besoin de nous apporter à boire,

si on pouvait descendre à quatre heures, comme c'était l'habitude.

MARTIN

Ceci me regarde.

BEC-DE-GAZ

Pardon! Les aveugles sont ici chez eux...

MARTIN, *résolument.*

Il y a toujours quelqu'un qui n'est pas ici chez lui... et je vais vous le faire voir si vous ne partez pas immédiatement... Est-ce compris?

BEC-DE-GAZ, *reculant.*

C'est bon, c'est bon... Vous ne perdrez rien pour attendre. On se retrouvera.

MARTIN

Oh! ne croyez pas que vos menaces m'intimident. On se retrouvera où vous voudrez. Je suis averti de vos intentions, c'est le principal.

BEC-DE-GAZ

Vous ne me faites pas peur non plus. Gare aux coups de pied, en attendant, si vous m'aboyez de trop près aux jambes. (*Il siffle.*) A la niche, Médor!

MARTIN

Vous vous imaginez être injurieux en me traitant comme un chien. Eh bien, oui, j'en suis un. Le chien de berger au milieu de son parc. Et si le loup tient à sa peau, je ne l'engage pas à revenir rôder par ici.

BEC-DE-GAZ, *avant de sortir, à reculons.*

A revoir, Charlot... et les autres! A tout à l'heure, chez Arsène!

SCÈNE V

LES MÊMES, *moins* BEC-DE-GAZ

MARTIN

Chez Arsène... naturellement!

RODIER

Où voulez-vous qu'on aille?

CONSTANT

Il fait crédit.

RODIER

Même qu'on y doit deux mois.

MARTIN

Oui. Il vous fait payer les verres qu'il vous offre.

RODIER

On sait où passer ses dimanches.

CONSTANT

On parle... Il y a de l'animation... un phonographe... c'est une famille pour ceux qui n'ont pas le choix.

MARTIN

Jolie famille! Vous ne vous apercevez donc pas que votre véritable exploiteur, c'est ce marchand de sommeil et d'alcool? Car je les connais, les conditions dans lesquelles vous êtes logés et nourris, si l'on peut dire! J'ai réussi à voir un jour, par surprise, la chambrée, l'ignoble soupente où cet Arsène vous entasse... les grabats dont on ne change jamais les draps, toute la vermine des garnis à la semaine, à la nuit, à l'heure... Je sais aussi quels rogatons et quelles épluchures il vous fait manger, quels poisons il vous fait boire. Ah! il est dans son rôle en vous reprenant à l'atelier pour vous rendre au trottoir... Les aveugles qui travaillent laissent moins d'argent chez lui que les aveugles qui mendient!

CHARLOT

La question n'est pas là. Faudrait savoir une bonne fois quels sont nos droits et nos devoirs.

PETIT-LOUIS

Si on est des gamins à l'école, oui ou non.

MARTIN

En fait de devoirs, il y a d'abord ceux que j'ai à remplir. Le premier est de maintenir l'ordre dans l'atelier. Vous me cherchez une mauvaise querelle. J'ai supprimé le casse-croûte, c'est vrai, mais vous n'y perdez rien, puisque vous sortez une heure plus tôt.

CHARLOT

On n'est pas des bêtes de somme. On a besoin de souffler.

MARTIN

Je ne vous empêche pas de souffler ici.

PETIT-LOUIS

Ça ne vaut pas le changement d'air.

MARTIN

L'air que vous respirez ici vaut mieux que celui que vous prendriez en face sur les fortifs, ou à côté, chez Arsène.

CHARLOT

C'est vous qui le dites !

MARTIN

Oui. Et j'ajoute ceci : à partir de demain, l'entrée de la maison sera interdite à toute personne étrangère à l'atelier.

RODIER

A nos guides aussi?

MARTIN

Vos guides vous quittant généralement en bas, à la porte, ne prendront pas ma décision en mauvaise part, j'en suis convaincu.

BLANCHON *et* RONCIN

Non.

PETIT-LOUIS

C'est à voir.

MARTIN

C'est tout vu. Je sais à quoi la maison est exposée par les gens qui vont et viennent librement, du matin au soir, la cigarette au bec. Le magasin est plein de matières inflammables... Je suis responsable de tout ce qui est ici... et responsable également de votre sécurité.

CHARLOT

Trop de zèle!

MARTIN

Enfin, il n'y a pas que les dangers d'incendie. Cette circulation d'étrangers a un autre inconvénient. Des soies, de la ficelle, des outils... ont disparu sans qu'il soit possible de savoir comment...

PETIT-LOUIS

Dites que c'est nous qui les avons volés!

CHARLOT

Vous entendez, camarades : on nous traite de voleurs.

RODIER

Il y en a d'autres!

CONSTANT

Qu'on nous fouille en sortant, si on nous soupçonne.

BLANCHON

Vous n'avez pas compris. Ce n'est pas vous que M. Martin accuse.

CHARLOT

C'est votre femme, alors ?

BLANCHON

Ma femme n'entre jamais ici.

RONCIN

La mienne non plus.

CHARLOT

Si c'est après le Bicot que vous en avez, faut le dire. On lui fera la commission... et sans tarder.

MARTIN

Je n'ai désigné personne.

PETIT-LOUIS

On a compris tout de même.

CHARLOT, *gouailleur.*

Faut bien expliquer le coulage à notre bienfaiteur.

PETIT-LOUIS

Serait à souhaiter que tout le monde y soye aussi honnête que le Bicot.

CHARLOT

Aussi désintéressé.

MARTIN

Écoutez. J'ai écrit hier à M. Bonnamy. Il viendra. Vous lui soumettrez vos réclamations. S'il me donne tort, je verrai ce que j'ai à faire.

CHARLOT

Oh! pas de danger qu'il vous désapprouve! Vous et lui, c'est cul et chemise!

MARTIN

En ce cas, si vous ne voulez pas vous conformer au règlement, croyez bien que je n'emploierai pas la force pour vous retenir. Maintenant, assez causé. Travaillons. (*Il va à son bureau. Dans le silence, quatre heures sonnent lentement à l'horloge. Aussitôt, Charlot, Petit-Louis, Constant et Rodier se lèvent ensemble.*) Qu'est-ce que vous faites?

CHARLOT

Vous le voyez, c'est quatre heures. On descend casser la croûte et prendre un verre.

MARTIN

Vous savez bien que, d'accord avec M. Bonnamy, j'ai supprimé cette interruption de travail.

CHARLOT

Eh bien, nous, on la rétablit. Voilà!

MARTIN

Faites bien attention, tous les quatre. Si vous descendez malgré ma défense, il est inutile que vous remontiez.

CHARLOT

Alors, c'est autre chose. Faut rien laisser traîner sur l'établi. (*Il ramasse ses outils.*)

PETIT-LOUIS, *faisant de même, ainsi que Rodier et Constant.*

On décampe .. avec armes et bagages !

RODIER

Tiens ! puisque c'est à nous !

MARTIN

Rien ici n'est à vous. Vous n'enlèverez donc rien du tout.

CHARLOT

Comment que vous allez faire, alors, pour nous retenir sans employer la force? (*Les quatre aveugles, se donnant le bras, Charlot en tête, se dirigent vers la porte.*)

MARTIN

Vous allez voir. (*Il va se placer devant la porte.*)

CHARLOT, *s'arrêtant.*

Approche un peu .. (*Il tire un couteau à cran d'arrêt.*)

MARTIN

Ah !... on apprend aussi à jouer du couteau, chez votre logeur ! C'est une autre affaire .. qui regarde le commissaire de police. Il vous dira lui-même dans un moment où sont vos droits et vos devoirs. (*Il renverse un banc devant Charlot qui s'avançait toujours et qui tombe en entraînant Petit-Louis.*)

CHARLOT

Fumier !

PETIT-LOUIS

Tu paieras ça, bourrique ! (*Pendant qu'ils se relèvent, Martin sort en fermant la porte à clef.*)

SCÈNE VI

LES MÊMES, *moins* MARTIN

PETIT-LOUIS

Il est parti ?

CHARLOT, *secouant la porte.*

Oui, et la saleté nous a enfermés !

RODIER

C'est vrai qu'il va chercher le commissaire de police ?

PETIT-LOUIS

Probable !

CHARLOT

Ben quoi ? On le recevra, le quart d'œil, avec tous les égards dus à son grade et à ses fonctions.

CONSTANT

Qu'est-ce que tu lui diras ?

CHARLOT

Oh ! c'est pas l'embarras... Écoutez-moi, vous

autres... Vous n'aurez pas l'air de savoir ce que tout ça signifie... On n'a pas menacé Martin... personne ne l'a menacé. On voulait rigoler... se payer sa tête, tout simplement.

BLANCHON

Et le couteau... c'était aussi pour rire?

CHARLOT

Vous... si vous ne voulez pas avoir affaire à moi, je vous engage à fermer votre malle. (*On entend le vent souffler.*) C'est donc pas rigolo d'avoir obligé l'autre à sortir par un temps fait exprès pour lui : un temps de chien?

RONCIN

Voyons, Charlot... et vous, Petit-Louis, Constant, Rodier,... ça n'est pas sérieux...

CHARLOT

Oh! vous, qu'on vous humilie, qu'on vous exploite, qu'on se foute de vous... tout vous est égal!

RONCIN

Mais non. Seulement, puisque Martin a écrit à M. Bonnamy, ça vaut mieux d'attendre sa visite et de s'expliquer avec lui posément. Il est juste. Il vous écoutera.

CHARLOT

Et il donnera raison, comme d'habitude, à son bras droit, à sa *chenille* ouvrière...

RONCIN

Alors, il sera toujours temps d'aviser. Supposez qu'il ferme l'atelier... Qu'est-ce qu'on ferait?

PETIT-LOUIS

On le rouvrirait, puisqu'il est à nous.

RONCIN

C'est pas sûr.

CHARLOT

On se mettra en coopérative.

PETIT-LOUIS

Y a pas que le père Bonnamy qui procure du travail aux aveugles.

BLANCHON

Non. Mais il n'y a que lui qui paye l'apprentissage trois francs par jour, pendant six mois.

CHARLOT

Il a ses raisons.

BLANCHON

Lesquelles?

CHARLOT

Il veut se faire pardonner sa fortune.

PETIT-LOUIS

C'est pas nous qui sommes allés le chercher. On était bien tranquilles.

CHARLOT

S'il n'est pas content, on retournera d'où qu'on vient... et c'est encore lui qui nous suppliera de rentrer. Alors, nous ferons nos conditions, et il les acceptera, craignez rien ! C'est un vieux satyre que ça excite de faire travailler les aveugles ! (*Un silence.*)

RODIER

C'est loin, le commissariat?

CONSTANT

Je ne sais pas.

PETIT-LOUIS

C'est à dix bonnes minutes d'ici.

RODIER

Et dix pour revenir...

CHARLOT

Quoi ? Vous trouvez déjà le temps long ? C'est pas la première fois que l'autre vous laisse seuls... Il vous laisse seuls à chaque instant et vous ne remarquez même pas son absence.

RONCIN

On est bien forcé de la remarquer aujourd'hui.

CHARLOT

Il avait raison, tout à l'heure : un troupeau sous sa surveillance, voilà ce que vous êtes. Ça vous manque, à vous, de ne pas être mordus. Chacun son goût !

BLANCHON

Mieux vaut être mordu que mangé!

CHARLOT

Loup et chien enragé, c'est la même chose.

BLANCHON

Tous les chiens ne sont pas enragés.

RONCIN

Il y a des chiens nécessaires.

CHARLOT

Les chiens d'aveugles !

BLANCHON

Tous les yeux qui voient pour nous sont utiles.

CHARLOT

Pleurez pas, père Michel, votre chien n'est pas perdu. Il va revenir avec un bon camarade : le chien du commissaire! (*Nouveau silence, plus lourd.*)

RODIER

Quelle heure est-il?

CONSTANT

La demie de quatre heures.

RODIER

On n'a pas entendu l'horloge.

RONCIN

On faisait trop de bruit.

RODIER

La nuit doit être tombée. C'est maintenant, d'habitude, que Martin allume le gaz...

CONSTANT

Il ne l'a pas allumé avant de partir?

RODIER

Je ne crois pas.

CONSTANT

Il y a un moyen de savoir si la nuit est arrivée. (*Il quitte sa place.*) Elle ne vient pas sans avertir qu'elle vient. C'est difficile à expliquer... Si j'étais dehors, je dirais tout de suite... Mais je n'ai qu'à ouvrir la fenêtre un moment. (*Il a gagné, en tâtonnant, la fenêtre ; mais au moment où il l'entr'ouvre, un violent coup de vent rabat et fait claquer les persiennes.*)

CHARLOT, *debout, hors de lui.*

Bouclez la lanterne ! Vous n'êtes pas mabouls ? Par un temps pareil ! Le poêle allumé ! Vous voulez donc nous foutre le feu ici... Et puis, qu'est-ce que ça peut vous faire... qu'il fasse jour ou nuit ?

CONSTANT, *après avoir refermé la fenêtre.*

Te fâche pas... te fâche pas... (*Il retourne à sa place.*)

PETIT-LOUIS

L'as-tu bien fermée ?

CONSTANT

Oui, je crois l'avoir bien fermée, mais c'est une vieille bicoque, toute détraquée...

CHARLOT

C'est pour ça qu'on nous l'a donnée. C'est assez bon pour les aveugles.

PETIT-LOUIS

Faut se méfier des fenêtres ouvertes... Bec-de-Gaz

racontait qu'au Palace de Montsouris, un aveugle s'est tué en se mettant à la fenêtre. La barre d'appui n'était pas solide... ou bien il s'est trop penché... On n'a jamais su...

CONSTANT

Peut-être aussi qu'on l'a poussé...

PETIT-LOUIS

Peut-être.

RODIER

Moi... je n'ai pas besoin d'ouvrir la fenêtre pour savoir qu'il fait déjà nuit. La voix... notre voix à nous n'est pas la même dans les ténèbres... Vous ne vous en apercevez pas... mais c'est une autre voix... une voix qui tremble un peu, comme si, tout à coup, elle avait froid... ou peur.

CHARLOT

Peur de quoi? Personne ici n'a peur!

PETIT-LOUIS

On n'a rien à craindre. On est à l'abri. On ne risque pas d'être renversé par un coup de vent ou par une auto... C'est toujours ça, pas vrai?

CONSTANT

Sûr qu'on est mieux ici qu'en face... sur les fortifs... (*La nuit gagne.*)

RODIER, *après un temps.*

Si on voulait, on n'aurait qu'à faire un peu de pétard... Joseph, qui est en bas... à la manutention, viendrait nous ouvrir...

SIMONNOT

Joseph n'est pas là... M. Martin l'a envoyé livrer...

RODIER

C'est vrai. Mais il est peut-être rentré.

CHARLOT

Attendez... On va savoir... Le cornet acoustique est là pour un coup. (*Il va au bureau de Martin et souffle dans le cornet.*) Si Joseph est au magasin, il va répondre. (*Tous, le front levé, écoutent.*)

PETIT-LOUIS

Eh! bien?

RODIER

Est-ce qu'il répond?

CHARLOT

Non.

CONSTANT

On est tout seuls dans la maison, alors?

CHARLOT

Eh! bien, oui, quoi .. on est tout seuls. (*Le vent brâme.*)

PETIT-LOUIS

Et par ce temps-là, c'est le cas de dire qu'on pourrait crier dans le désert... (*Cependant, en revenant à sa place, Charlot rencontre le poêle, s'y brûle la main et pousse un hurlement de douleur.*)

TOUS

Quoi?... Quoi?... Qu'est-ce qu'il y a?

CHARLOT

Rien... Rien... Ce sacré poêle... J'ai mis la main dessus en passant... et je me suis brûlé.

PETIT-LOUIS

T'as tort de te promener comme ça... Viens donc... Quand le quart-d'œil nous verra tous en train de travailler... ou faisant semblant... qu'est-ce qu'il prendra, Martin, pour l'avoir dérangé inutilement!... (*Encore un silence. La nuit est tombée.*)

SIMONNOT, *chantonnant.*

Hélas ! bientôt l'infortunée
Vit la fin de son beau roman.
Car elle fut abandonnée...

CHARLOT

Assez, toi, Chiendent ! As-tu fini de nous barber?...

SIMONNOT

M. Martin ne me défend pas de chanter, lui...

CHARLOT

Eh! bien, moi, je te le défends... Et si tu continues, je cogne... (*Il fait un mouvement vers Simonnot pour mettre sa menace à exécution.*) C'est les poltrons qui chantent pour se donner du courage. (*Il retourne à sa place.*) Où es-tu, Petit-Louis?

PETIT-LOUIS

Ici.

CHARLOT

Et les autres... Constant... Rodier?

PETIT-LOUIS, *tâtant autour de lui.*

A leur place aussi... Viens auprès de nous... (*(Ils se pressent tous, en silence, les üns contre les autres. Le vent gémit, puis cinq heures sonnent.)*

CONSTANT

Cinq heures.

RODIER

Il devrait déjà être revenu.

PETIT-LOUIS

Le quart-d'œil n'était pas là... Il n'est jamais là... En voilà un qui ne se la foule pas!...

RODIER

Des types qu'on ne trouve jamais quand on a besoin d'eux!...

PETIT-LOUIS

Comme les flics!...

RONCIN

Ecoutez...

CONSTANT

Quoi? Ils viennent?...

RONCIN

Non. Vous n'entendez rien?

PETIT-LOUIS

On dirait la corne du tramway de Montrouge.

RONCIN

Non. On ne l'entend jamais d'ici.

CHARLOT

On l'entend... moi, je dis qu'on l'entend... des fois!

BLANCHON

Roncin a raison C'est plutôt la corne des pompiers.

CHARLOT

Taisez-vous, vieux froussard... qu'on écoute!

RONCIN

Eh! bien, à présent... entendez-vous?

RODIER

Quand ça serait la corne des pompiers...

CONSTANT

Qu'est-ce que ça prouve?

CHARLOT

Ça prouve qu'il y a le feu.

PETIT-LOUIS

L'important est que ça ne soye pas ici...

RODIER

On serait arrangé...

PETIT-LOUIS

On rôtirait comme des poulets.

CONSTANT

On n'aurait plus qu'à sauter du deuxième dans la cour.

RONCIN

Ça se rapproche...

RODIER

C'est toujours dans nos parages... enfin, pas loin d'ici...

CONSTANT

Peut-être à côté... (*Un coup de vent ouvre toute grande la fenêtre dont les carreaux volent en éclats.*)

CHARLOT

Nom de Dieu! C'est ici !...

BLANCHON

Mais non, mais non... On sentirait la fumée...

RONCIN

Ne nous affolons pas...

CHARLOT

Je vous dis que c'est ici...

RONCIN

Si c'était vrai pourtant... (*Il s'élance à son tour vers la porte.*)

BLANCHON, *le suivant.*

Raison de plus pour ne pas perdre la tête... Camarades...

CHARLOT

Sauvons-nous !...

PETIT-LOUIS

Enfonçons la porte!...

RONCIN

Oui, c'est ça... (*Ils s'écrasent contre la porte.*)

RODIER

Ne poussez pas, ne poussez pas !...

CONSTANT

Mais oui, dégagez la porte !...

PETIT-LOUIS

La porte! dégagez la porte!... Au secours!... Au secours!...

CONSTANT

Moi, je saute par la fenêtre!... (*Il fait ce qu'il dit.*)

CHARLOT

Allez-vous me laisser passer ?... Vous ne voulez pas ?... Tant pis! Chacun pour soi! (*Il a mis le couteau à la main et frappe au hasard.*)

BLANCHON, *atteint.*

A moi !... (*Il tombe.*)

(*Entrent Martin et le commissaire de police, suivis d'agents.*)

MARTIN

Qu'ont-ils fait?...

CHARLOT, *hagard, tandis que le commissaire de police le désarme.*

Le feu... à l'atelier!

MARTIN

Le feu n'est nulle part... Qui a pu vous faire croire ?...

CHARLOT

Je ne sais pas... La fenêtre s'est ouverte...

SIMONNOT, *qui s'est glissé sous l'établi.*

Au feu!... Au feu!...

MARTIN

Les malheureux!... Ils ont eu peur!...

RONCIN

Fallait pas nous laisser seuls... monsieur Martin... Blanchon disait bien : « Ceux qui ne voient pas ont besoin de ceux qui voient!... »

RIDEAU

E. GREVIN — IMPRIMERIE DE LAGNY

A LA MÊME LIBRAIRIE

ÉMILE FABRE

La Rabouilleuse, comédie en 4 actes (Couronnée par l'Académie française). . . 2.2

La Vie publique, comédie en 4 actes. 3.50

Les Ventres doré , pièce en 5 actes (Couronnée par l'Académie française). . . 3 50

GEORGES FEYDEAU

Le Bourgeon, comédie en 3 actes. 3.50

La Main passe, pièce en 4 actes. 3.50

La Puce à l'oreille, pièce en 3 actes. 3 50

ALBERT GUINON

Décadence, comédie en 4 act. 3.50

Le Partage, pièce en 3 act. 3.50

Seul, pièce en 2 actes . . . 3.50

ALBERT GUINON & BOUCHINET

Son père, comédie en 4 act.. 2.25

ALBERT GUINON & J. MARNI

Le Joug, comédie en 3 act. . 2 25

ROBERT DE FLERS et G. A. DE CAILLAVET

L'Amour Veille, comédie en 4 actes (Couronnée par l'Académie française). . . 3.50

L'Ange du Foyer, comédie en 3 actes 2.25

Le Cœur a ses raisons, comédie en 1 acte 1.50

La Chance du mari, comédie en 1 acte. 1.50

Papa, comédie en 3 actes. . 2.25

MIGUEL ZAMACOÏS

Les Bouffons, comédie en 4 actes (Couronnée par l'Académie française). . . 2.25

ALEXANDRE BISSON

La Femme X..., pièce en 5 actes 2.25

G. A. DE CAILLAVET ROBERT DE FLERS et EMMANUEL ARÈNE

Le Roi, comédie en 4 actes. 3.50

LOUIS DE GRAMONT

Jules César, de SHAKESPEARE. 2 25

Roméo et Juliette, de SHAKESPEARE . . . . 2..5

ANDRÉ PICARD

Jeunesse, comédie en 3 act. 2.25

Monsieur Malézieux, comédie en 1 acte. 1.50

TRISTAN BERNARD

L'Anglais tel qu'on le parle, comédie en 1 acte. 1.50

Les Coteaux du Médoc, comédie en 1 acte 1.50

LOUIS BÉNIÈRE

Les Experts, comédie en 1 acte 1.50

Les Goujons, comédie en 1 acte 1.50

Papillon, dit Lyonnais le juste, comédie en 3 actes. 2.25

Tabliers blancs, comédie en 3 actes. 2.25

HENRI DE ROTHSCHILD

L'Escarpolette, comédie en 2 tableaux. 1.50

La Pierre de touche, comédie en 3 actes 2.25

La Rampe, pièce en 4 actes. 2.25

GASTON DEVORE

Page blanche, comédie en 4 actes. 2.25

La Sacrifiée, pièce en 3 act. 2.25

E. Grevin. — Imprimerie de Lagny.

www.ingramcontent.com/pod-product-compliance
Ingram Content Group UK Ltd.
Pitfield, Milton Keynes, MK11 3LW, UK
UKHW020444180726
13839UKWH00004B/1611